DISRUP
TALKS

SONIA ABRÃO

aos HOMENS que AMEI

DISRUPTalks, 2023 – Todos os direitos reservados.

© Sonia Abrão

Editora Executiva: **Caroline Dias de Freitas**
Capa e Diagramação: **César Oliveira**
Direção de arte: **César Oliveira**
Foto da capa: **Chico Audi Fotógrafo**
Revisão: **Rafaela Lopes**
Impressão: **Digitop**

1ª Edição – Março/2023

DADOS INTERNACIONAIS DE CATALOGAÇÃO NA PUBLICAÇÃO (CIP)
CÂMARA BRASILEIRA DO LIVRO, SP, BRASIL

Abrão; Sonia.
Aos homens que amei / Sonia Abrão. -- São Paulo: Editora Reflexão, 2023.

ISBN: 978-65-5619-130-0
82 páginas.

1. Poesia brasileira. I. Título.

23-136666   CDD: B869.1

Índices para catálogo sistemático:
1. Poesia : Literatura brasileira B869.1
Tábata Alves da Silva - Bibliotecária - CRB-8/9253-0

DISRUPTalks
Rua Almirante Brasil, 685 - CJ 102 - Mooca - 03162-010 - São Paulo, SP
Fone: (11) 9.7651-4243
disruptalks@gmail.com | www.disruptalks.com.br

Todos os direitos reservados. Nenhuma parte desta obra pode ser reproduzida ou transmitida por quaisquer meios (eletrônico ou mecânico, incluindo fotocópia e gravação) ou arquivada em qualquer sistema ou banco de dados sem permissão escrita da Editora Reflexão.

DEDICATÓRIA

Ao C.G., que partiu antes da hora! É a Vida? É a Morte? Viver nosso Amor foi Sorte!

AGRADECIMENTOS

A Elias e Margareth, meus irmãos nesta e em outras vidas, pelo apoio eterno! A Cristina Moreira, a quem devo este livro, pela amizade que atravessou um século! Ao Jorge Damião, pelo nosso filho, o maior de todos os presentes! A Thaís Accioly por ser uma "boadrasta" e isso não tem preço! A Bella Morais, um sonho de nora! E ao Jorge Fernando, pela felicidade de ser sua mãe, amor da minha vida!

SUMÁRIO

vício, 12
campo minado, 13
memória, 14
cinema mudo, 15
senha, 16
fantasma, 17
remorso, 18
mutante, 19
arritmia, 20
madura, 21
primeira vez, 22
alma gêmea, 23
resgate, 24
sinfonias, 25
século XX, 26
ponteiros, 27
desejos, 28
bijoux, 29

saliva, 30
aborto, 31
medo, 32
chuva morta, 33
último ato, 34
rima, 35
água e sal, 36
batom, 37
tempero, 38
idade, 39
partida, 40
interrogação, 41
contaminada, 42
lâmina, 43
fogo, 44
o amor faz o que quer, 45
mal crônico, 46
estátua, 47

sombra, 48
revolta, 49
dia de chuva, 50
prece, 51
sinal de ocupado, 52
explosão, 53
separação, 54
vigília, 55
disfarce, 56
frágil, 57
duas rugas, 58
ciúme, 59
punhal, 60
crimes, 61
perfume, 62
agora é tarde, 63
calor, 64
paralela, 65

saara, 66
palavras cruzadas, 67
faísca, 68
dor, 67
equilibristas, 70
champanhe, 71
nada, 72
cetim, 73
descompasso, 74
mulher, 75
prazer, 76
desejo, 77
destino, 78
banquete, 79
no país das maravilhas, 80
autobiografia, 81

PREFÁCIO

O amor genuíno é a expressão mais pessoal do seu eu. Nós não amamos todos igualmente. Alguns amamos pela metade, por obrigação, mas a outros entregamos nossos corpos e nossas almas, porque, quando se ama de verdade, é uma experiência que transcende o material, o carnal e o palpável. Amar de verdade é mar calmo, céu de brigadeiro, brisa leve de verão, mas quente como labaredas de um incêndio interno.

Amor não são palavras, são atos e sentimentos que exalam por todas as partes do corpo, que se arre-pia ao menor toque daquele a quem direcionamos esse sentimento intenso.

Nesse compilado de histórias pessoais e algumas ouvidas em anos de rádio, minha amiga Sonia Abrão escreve em forma de poemas sobre o amor e suas diversas facetas.

Ela nos apresenta argumentos e possibilidades para tentar entender o que é viver essa experiência, mesmo que nem sempre da forma como imaginamos.

Como uma pessoa que acredita no amor e tem a certeza de que a vida não vale a pena sem ele, con-vido você a se deliciar com esse labirinto de emoções e, ao final, tentar encontrar-se da melhor e mais pessoal forma possível.

Boa leitura!

LUCIANA GIMENEZ

VÍCIO

Sou salto mortal sem rede
temporal que não mata a sede
É labirinto tudo o que sinto
Quero sangue ou vinho tinto?
Um brinde ao caos no peito
a esse amor que não é torto
nem é direito
coisa de mulher
que faz da paixão um vício
dor, prazer e precipício...

aos HOMENS que AMEI

CAMPO MINADO

Há em mim
uma vocação
para o abismo
dos teus braços
para a aridez
da tua boca
os espinhos
do teu beijo
Não resisto
e provo sempre
a angústia do teu peito
o amor
que dizes desfeito
mas me entregas
no campo minado
do nosso leito

MEMÓRIA

Guarde-me
em algum canto de você
porão, gaveta,
coração, caixa-preta...
como erro sincero
amor fora de hora
só um flash em sua história
rock, blues ou bolero
da nossa trilha sonora
qualquer coisa serve
menos o branco da memória

aos HOMENS que AMEI

CINEMA MUDO

Mata Hari/Theda Bara
espiã que fui na tua noite clara
És a mão que me roubaste o peito
ladra carícia, ar rarefeito
Fujo!
Na tela do cinema há um branco
palavra fim
Eu quero a morte e me atiro
contra a espada
de Errol Flynn

SENHA

Amo você
em sistema digital
Ligação sem fio
Amor em caixa postal
"Por favor, deixe sua mensagem..."
Diga apenas que me ama
o resto é bobagem
Romance celular
Código de área
que o coração desenha
DDD sentimental
Saudade é minha senha

aos HOMENS que AMEI

FANTASMA

Libertamos do peito
o fantasma da paixão
que voou livre em nossa cama
branco em nosso beijo
e envolveu em seu lençol
o encontro fugaz
de nossos corpos
ainda úmidos de passado

REMORSO

Me arrependo do beijo
que não te dei no momento exato
do ato que escapou por minha fresta
da festa que não fiz por recato
do desejo à espera da mão
que o desatasse, do não
por temor que o medo me matasse
do calor que não veio
porque me quis imune ao seu afeto
da dor que pune quem só viveu do resto

MUTANTE

A forma mutante
do nosso amor
já se travestiu
de separação
já nos iludiu
de um possível final
Mas, inconstante,
se fez de novo ligação,
se expandiu
no corpo a corpo
explodiu o nosso acordo
e nos venceu
na horizontal

ARRITMIA

Estamos com os dias contados
Amor em estágio terminal
Carne viva, água e sal
E esse coração com arritmia
Essa alma com hemorragia
Me condenam a existir sem você
Contra essa dor não há anestesia
Nada vai fazer efeito!
Há um buraco negro
no universo do meu peito

MADURA

Você veio me colher madura
pele vincada, alma macia
meio entregue, meio insegura
já te amava e não sabia
Que estação da vida é esta?
Tempo de fruto ou semente?
Minha experiência de mundo
em coração de adolescente
Amor fora de época,
sem prazo de validade,
pode entrar que a casa é sua
e sirva-se de mim à vontade!

PRIMEIRA VEZ

No roçar da tua barba macia
meus sonhos se excitaram
não contive a fantasia
Me perdi na mata do teu peito,
na noite, numa viagem
que nunca havia feito
Exausta, cheguei ao topo da colina
Me disse: "adeus, menina!"
Abri braços e pernas
e despenquei sobre a luz do dia!

aos HOMENS que AMEI

ALMA GÊMEA

Você é a alma gêmea
dos meus desacertos
Fomos talhados
do mesmo erro
de uma só contradição
Por isso
você é a dor em mim
e eu sou a sua decepção

RESGATE

Como você me descobriu
debaixo de tanto pó,
sem contorno nem brilho,
sem ligar pra nada em volta,
só cuidando de filho?
Como me encontrou
nesse beco sem saída,
como pode me amar
e me devolver à vida?

aos HOMENS que AMEI

SINFONIAS

Laços bemóis
sem nossa harmonia
Dó que dói
na partitura vazia
Falta teu sol
a dourar loucuras,
sinfonias,
de um amor em tom maior
do que a própria fantasia

SÉCULO XX

Eu, muralha da China
Você, Arlequim
Eu, Colombina
Você, muro de Berlim
Eu tento, mas erro
Você, cortina de ferro
Eu, lágrima atômica
Você, ferida crônica
Eu, hidrogênio e paixão
Você aperta o botão

aos HOMENS que AMEI

PONTEIROS

Te quero
mas não tolero
a hora que não passa
e me laça
no círculo de ouro
do teu relógio
Procuro fugir
do teu compasso lento
Eu tento,
mas teus ponteiros
me transpassam
e eu caio morta
em todos os teus minutos

DESEJOS

Tão simples meus desejos:
casa, saúde, pão sobre a mesa,
par de asas, chama acesa,
jardim com lanternas chinesas
Tudo isso é coisa pouca!
Cama boa, corpo quente
e muito beijo na boca!!!

BIJOUX

Tem horas
que eu tiro a armadura
me olho no espelho
e não sou mais
uma guerreira
Apenas uma mulher
que trocou tudo
por um par de brincos
e pulseiras

SALIVA

O resto da tua saliva
é amargo em minha boca
gota quente sobre a língua
beijo que não se desfez por inteiro
gosto de primeiro que não vinga
de amor que só me deixa à míngua

aos HOMENS que AMEI

ABORTO

Tantas noites dormimos juntos
sem que pudéssemos nos contemplar
Eras meu e eu não te sabia o traço
Toda tua, ignoravas meu rosto
Te Confessei meu amor mil vezes
e não obtive resposta
ainda estavas mudo
Quando nos separaram
eu dormia profundamente
e tu conhecias a morte
Fomos mãe e filho
sem que tivéssemos tempo de nos tocar
Até hoje eu te imagino
e tu nem chegaste a ter olhos
para me adivinhar

MEDO

A consciência do meu medo
me assusta ainda mais
Mortais,
retas finais do meu caminho
Incapaz de mover com meu vento
os velhos moinhos,
de cavar as moradas
dos meus seres sozinhos
Os sais da vida não me animam
Sou o ponto de encontro
dos sentimentos daninhos

aos HOMENS que AMEI

CHUVA MORTA

É sempre essa chuva morta
chovendo nos meus desejos
na minha vontade de me livrar de mim
nos meus braços galhos quebrados
nas vidraças partidas dos meus olhos
no meu raio corpo fulminado

ÚLTIMO ATO

Na plateia de mim
não bato palmas
não choro
não me emociono
Tento somente
entrever minha sombra
e assistir impassível
ao meu último ato

RIMA

Sua vida, minha vida
Não havia ponte nem roteiro
Você chegou primeiro
Eu, muito tempo depois
Jamais seríamos dois
Mas o amor
não tem traçado exato
nem tempo definido
Monta peça por peça
um quebra-cabeça invertido
e cria atalhos
nos caminhos da gente
Hoje, estamos juntos
num século diferente
Encontro ou sina?
Carma ou imã?
Não importa, temos rima!

ÁGUA E SAL

Não adianta pedir
que te aceite em migalhas
Não posso mais
enganar minha fome
Se me tiras o pão
que seja por inteiro
Só assim deixarei
de iludir minha boca
com teu gosto de água e sal

aos HOMENS que AMEI

BATOM

Passo batom
para minha alma
ficar bonita
não entregar os pontos
nem desacreditar
da vida
Passo rímel e pó
para sentir que,
por dentro,
estou linda
aguardar sua vinda
e deixar de ser tão só

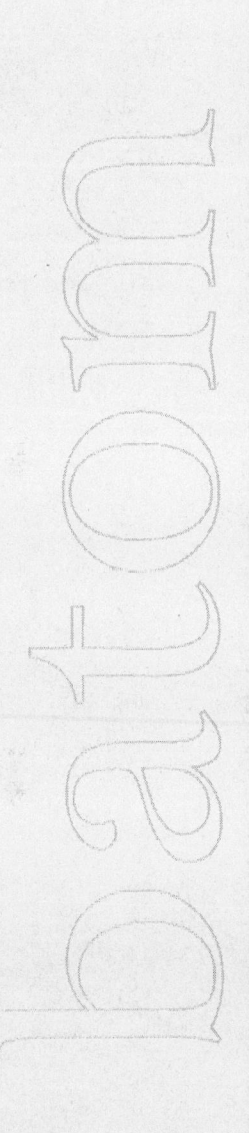

TEMPERO

Uma pitada de ódio
vai bem
quando
um caso de amor
termina
É como sal na ferida
da alma feminina:
queima
mas não dura,
dói tanto quanto cura

aos HOMENS que AMEI

IDADE

Não importa que o peito caia
e a idade apareça
não possa usar minissaia
e a minha bunda amoleça
Só quero cabeça boa
sair por aí rindo à toa
de bem com todas as rugas
Quero mais sonhos na vida
Que Deus me dê memória
e uma história comprida!
                cumprida!

PARTIDA

Quis tanto ir embora
fiz planos
mudar de vida
de século
de enganos
mas cheguei
depois da hora
o trem
já tinha partido
há cem anos

aos HOMENS que AMEI

INTERROGAÇÃO

Sob a luz das estrelas
um ponto
minha forma em interrogação
Quero a pergunta
que não se decompõe em resposta
e mantém minha vida
por um fio
O Sim me marca de morte
e o Não me assassina em silêncio

CONTAMINADA

Teu beijo
cuspi da boca
Meu corpo queimei
em culpa
Tentei a purificação
que não havia
pois estava
irremediavelmente
contaminada de ti

aos HOMENS que AMEI

LÂMINA

Ingênua,
ignorei tua lâmina,
o risco, o corte,
o golpe que não poupa
Despi tua roupa
Amei como louca
e por trás do encanto
encontrei a morte

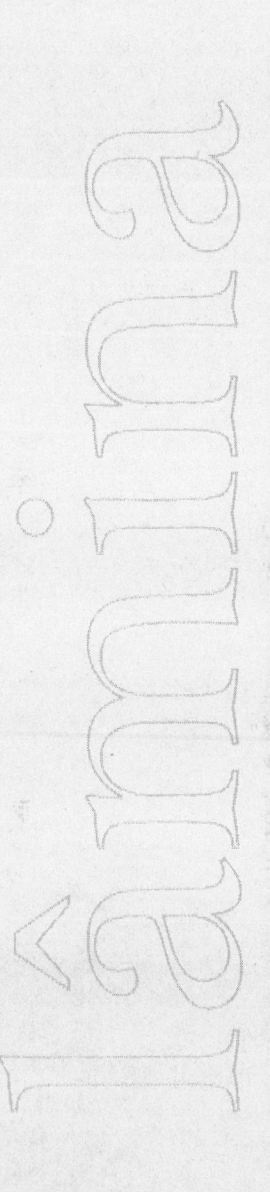

FOGO

Sou um anjo na sala de espera
Solto meus demônios
em outras esferas
Abro minhas asas
para um abraço terno
louca para arder no fogo
do seu inferno!

aos HOMENS que AMEI

O AMOR FAZ O QUE QUER

É como o encontro
de dois pontos extremos
que curvam a linha do tempo
na ânsia de se tocarem
Princípio e fim que se fundem
em nosso círculo. Vicioso.
É assim cada vez que me olhas
No momento em que te beijo
No exato minuto da entrega
É assim toda vez que o amor
esquece que estamos separados
e, indiferente aos nossos motivos,
nos impele e nos une
nos desnuda e revela

MAL CRÔNICO

Tento te escrever um poema
mas são tantas letras
para tua ausência
tantas linhas
para os meus trancos
tantas páginas
para nossa vida em branco
que eu desisto
Teu amor é platônico
O meu, um mal crônico

aos HOMENS que AMEI

ESTÁTUA

Peço silêncio
para que não aticem
minha calma paralisia
para que não aqueçam
a forma estátua
do meu corpo
Para que fiquem
pedras sobre pedras
em meu colo
e não se desfaçam em lágrimas
os meus olhos de mármore

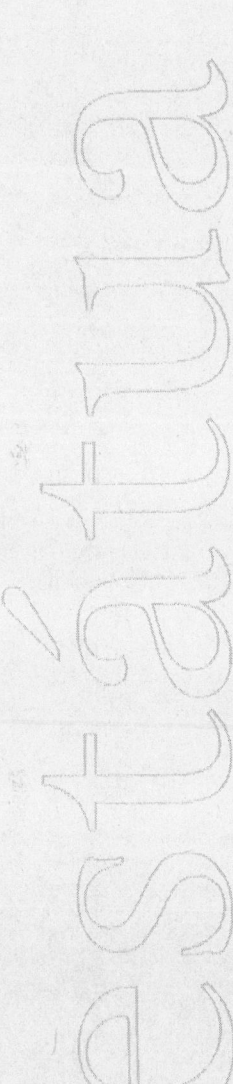

SOMBRA

O fino pó da vidraça
embaça a visão do antigo tempo
e a nossa era
se resguarda da memória
se esconde atrás das cortinas
Há tua sombra
na sala do passado
Há meu silêncio
entre os ponteiros do relógio
A vida está parada
no coração de cristal
à cabeceira da cama

aos HOMENS que AMEI

REVOLTA

Eu me revolto
contra as minhas próprias regras
e desprezo todas as minhas decisões
e te busco depois de te mandar embora
e te amo muito mais
do que quando te matei em mim

DIA DE CHUVA

Chuva sem versos
Tarde sem inspiração
Tédio!
Será gripe ou depressão?
O corpo ou a alma
tem razão?
Sem você,
o poema não se alimenta
e meu amor morre de inanição

PRECE

Na minha missa íntima de todos os dias
não há sermão encomendado
só comunhão entre a fé e o pecado
Me absolvo sem culpa e penitência
Rezo uma Ave Maria sem peso na
consciência e não me confesso jamais!
Deus sabe os meus segredos,
as tentações no caminho,
minhas pedras, desejos e espinhos.
Não briga comigo. É Pai e Amigo!
Abençoa-me e fortalece
A vida é uma prece...

SINAL DE OCUPADO

Joguei fora o celular
Fim de ligação. Amor cancelado.
Mas você continua na linha,
fio invisível que me prende ao passado.
Intransferível!
Meu coração ainda dá sinal de ocupado.

aos HOMENS que AMEI

EXPLOSÃO

Toda paixão
hoje é vontade
de ocupar o teu corpo
te entregar os meus
sentidos desatados
e te deixar explodir
em todos os sótãos
desta mulher resguardada
que ainda resiste
dentro de mim

SEPARAÇÃO

Volte ao seu campo livre
que tornarei a não ter fronteiras
Desista da minha cerca
que tiro de você a minha farpa
Na gota do seu sangue
na relva do meu galope
haveremos de sentir
que não houve morte,
apenas separação.

aos HOMENS que AMEI

VIGÍLIA

De nada adiantou
a vigília,
meu olho armado.
Vieste de outra direção,
dos anos do meu passado,
e só te percebi
quando já estavas
dentro de mim

DISFARCE

Sempre fui outra
dentro de mim
e jamais desconfiaste
Morri sem queixas
entre as ferragens dos teus braços
mas deixei os olhos abertos
como o último disfarce

FRÁGIL

O teu olho que me capta
não sabe de mim
Feche-o
e sentirás meu contorno
se desfazer sob a pálpebra
frágil demais
para sustentar
a imagem da tua fantasia

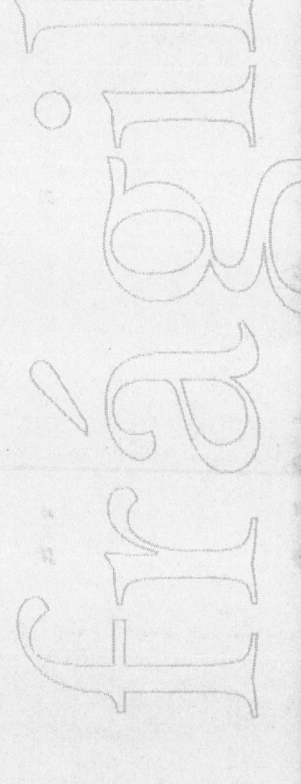

DUAS RUGAS

Teu rosto de amigo
eu renego
Em teu sorriso
sinto se desfazerem
os anos de entrega
e toda paixão
se transformar
em apenas duas rugas
nos cantos da tua boca

aos HOMENS que AMEI

CIÚME

Dormia
a seu lado
e você,
inquieto,
cravou os olhos
nas brancas paredes
do quarto
e deixou-os lá
a me vigiar
enquanto seu corpo
adormecia

PUNHAL

Te aponto
o punhal do meu afeto
Permaneces ereto e exposto
com a paz vidrada no rosto
e vejo que não te ameaço,
que passo
e não sou tua paisagem
que não precisas de mim
em tua viagem

aos HOMENS que AMEI

CRIMES

Nasci para os crimes maiores
mas todas as chaves do meu peito
selam a pena
dos meus sonhos delinquentes

PERFUME

Eu era apenas
o fino frasco
sobre seu móvel escuro
Eu era apenas
a fragrância à espera
do seu corpo
Eu era apenas
cristal em estilhaços
sob seu gesto brusco
perfume derramado
na sua pele impermeável

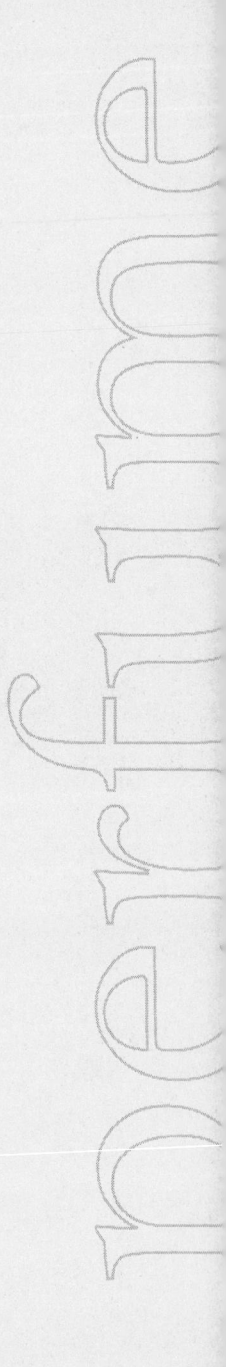

aos HOMENS que AMEI

AGORA É TARDE

Agora que se foi
a lágrima noturna
e sobrevivo sem seguir seu vulto,
Agora que me desfiz
da sombra de suas contradições
e trinquei em meus olhos
sua imagem
É que a vida me abre
os caminhos de você
Agora que o amor desistiu
nos compassos da espera
e me encontro imune
aos meus próprios sonhos

CALOR

Floresta tropical
verde sentimento
Linha do equador
calor do momento
Será amor?

aos HOMENS que AMEI

PARALELA

Na horizontal
sinto-me cada vez mais
paralela a você
E nosso encontro
toma a forma
do impossível

SAARA

É no saara
do meu corpo
que não sobrevives
É no fundo ártico
do meu coração
que morres
e te conservas
por inteiro

aos HOMENS que AMEI

PALAVRAS CRUZADAS

Nossas palavras
são cruzadas
não temos solução
A tua seta é à direita
e fica na esquerda
o meu coração

FAÍSCA

Uma faísca
Nossa existência
Tempo de um olho
que pisca
na eternidade da ausência

aos HOMENS que AMEI

DOR

A dor também envelhece
Não somos nós quem esquecemos
A dor é que nos esquece

EQUILIBRISTAS

Não basta andar sobre o fio
Ser mulher exige pés blindados
Somos todas equilibristas
em cima de arame farpado

aos HOMENS que AMEI

CHAMPANHE

Joguei meu coração
bem no fundo de uma taça
assim o amor se afoga
e passa...

NADA

Há essa angústia
de descobrir
o que me escondes
em escuros bloqueios
És o meu muro,
a porta fechada,
túnel e silêncio
do que eu sei
e é nada

aos HOMENS que AMEI

CETIM

Amada madrugada
negra de cetim
Vida que dá um tempo
dentro e fora de mim

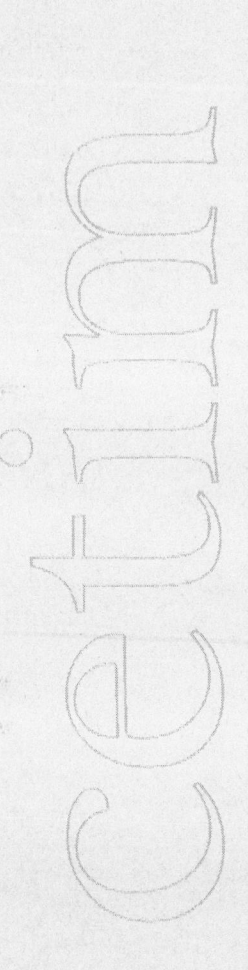

DESCOMPASSO

A vida
é descompasso
alma de vidro
peito de aço
fugir do beijo
cair no abraço

aos HOMENS que AMEI

MULHER

Não é só a boca que fala
Toda lágrima é uma denúncia
A alma escapa pelos olhos
chega de dor e renúncia

PRAZER

Ai, vida torta...
de damasco e chocolate
Morrer? Que nada!
Não há prazer que me mate!

aos HOMENS que AMEI

DESEJO

Alastra-se com calma
esse meu incêndio interior
E só tua pele sobre a minha
é capaz de dissipar o fogo
e manter intacto o calor

DESTINO

Tua transparência
me fez perder o juízo
Não pode ser apenas coincidência
encontrar todos os meus dentes
no teu sorriso

aos HOMENS que AMEI

BANQUETE

No teu corpo, o banquete
Tua boca, fina iguaria
Teu beijo, manjar dos deuses
Nem sei quantas vezes
Eu te comeria...

NO PAÍS DAS MARAVILHAS

(Lua Minguante)
Meu filho olhou pro céu
e disse:
"Mamãe, olha o sorriso
do gato da Alice!"

aos HOMENS que AMEI

AUTOBIOGRAFIA

Sou da madrugada
de Deus,
ocidental,
latinoamericaurbana,
geminiana,
passional,
afeto e concreto,
mais céu que mar
sou lunar